だいわ文庫

精神科医Tomyの気にしない力

たいていの心配は的外れよ

精神科医Tomy

大和書房

はじめに
「気になる」って何かしら？

今回は「気になる」をテーマにしました。生きているといろんなことが「気になる」わよね。本当に気にするべきこともあるけれど、そうじゃないこともいっぱいある。全く対応しないと「気になる」で毎日が埋め尽くされちゃう。たとえば、人間関係、仕事、お金、健康などの大きな気になることから、「LINEの返信が来ない」「忘れ物をしていないかな」「帰り道渋滞したら間に合わないかも」などのような日常的な気になることまでね。

何かの折に気になることは解決し、あるいは気にする必要がなくなるのですが、生きている以上は次から次へと気になることは増えていくわ。

悩みを解決するということは「気になる」を減らすこと。究極的には気にならなくなること。たとえば、犬や猫や小鳥など、動物たちが幸せそうに見えるのは、気になることが少ないからじゃないかしらね。

ここでアテクシ自身の話をしてみたいと思うわ。本来アテクシはかなりの「気にしい」です。どれぐらい「気にしい」かというと、飛行機に乗ると事故が怖くて睡眠はおろか、映画や本に集中できないぐらい気にしいです。放っておくと、今起きうる中で最悪の事態を想定してしまい、いろいろ確認したり、不必要なまでの予防策に走ったりしてしまいます。

しかも世の中って悪い傾向だと思えるようなことが、探し出せばいくらでも見つかってしまうものなのよ。たとえば、クレジットカードが使えない、振り込み、連絡が遅い、頼んだはずのものの発送が遅いなど。悪いように考えればいくらでも悪いように捉えられることなど、日常茶飯事なんです。

これを一つひとつ確認したり、これから起きうる最悪のケースなんて想定していたらフラフラになってしまうわよね。生きることにさえ疲れてしまうぐらいよ。

何より恐ろしいのは、こうやって不安に感じたり、事態の確認に走ったりしている間も、確実に時間が過ぎていくということ。本来は、家族や恋人、友人達と楽しく過ごしたり、あるいは一人でも自然の美しさに心を委ねたり、趣味に没頭したりするはずの時間が、不愉快な気分に覆われていく。

それに気が付いたのは、やはりアテクシの30代の経験が大きく関わっているわ。父が亡くなり、パートナーが亡くなり。特に毎日を充実して過ごし、いつも楽しそうに何かを始めていたパートナー。前途洋々だったはずのパートナーの死はアテクシに大きな衝撃を与えました。人はいつか死ぬ、時間は限られている。そんな当たり前のことを肌身で感じ取ったのです。

そして、アテクシが年を重ね、いつしか40代になり、今まで生きてきた時間より残りの時間の方が徐々に少なくなっているという感覚を抱くにつれ、さらにその思いは強くなっていったの。


でも、その思いとは裏腹に、心のよりどころを失ったアテクシは「気にする」ことがむしろ多くなっていきました。また、外的にも開業医として独立しました。すると毎日のように小さな問題が起きて、心が疲れていったのです。「気にしない」ということは人生を楽しむために本質的に必要なことなのよね。

さて「気になる」とは何なのかしら。医学用語じゃないから、特に状態として定義されているわけではないわ。それでは話が進まないから、アテクシがここで定義したいと思います。

ズバリ、「気になる」とは、「何をしていても、ある考えが頭の中にわいてきて離れず、ストレスを与える状態」と決めちゃいましょう。

楽しいことをしているはずなのに「気になる」、気持ちを切り替えたいのに「気になる」、気にしてもどうしようもないのに「気になる」。アテクシは人生で一番大切なのは「いかに限りある自分の時間を楽しく過ごすか」だと思っているから、「気になる」は人生最大の敵とも言えるわよね。

「気になる」を分類する

「気になる」に対処しようと思っても、意外と難しいのよ。その理由の一つに、「気になる」には様々なものが含まれているからなんです。敵を退治するためには、まず相手を知らないといけないわよね。相手を知って分析する。これができていないと、何をしたらいいのか見えてこない。

ではどう分類したらいいかというと、気になる対象の「規模の大きさ」に着目するといいと思うわ。なぜなら、小さなものは直接対応できるけど、大きなものはどうしようもできないものもある。規模によって、アテクシ達がやれることの範囲が変わってくるからなのよ。

・日常的な「気になる」

気にする必要のない、忘れていいとわかりきっているのに「気になる」もの。たとえば、本当にどうでもいいもの、本来着てくるつもりの服を間違えたとか、なくても問題ないものを忘れたとか。掃除をしているうちにフローリングの隙間など些細なことが気になり始めて終わらないなど、本来気にしなければそれで済むような、些細なこと。

・普通の「気になる」

日常的に起こりえることで、対処しなければならない「気になる」こと。これが一般的な「気になる」かもしれないわね。

たとえば「仕事の締め切りに間に合うかどうか」や「ちゃんと期日までに振り込まれるかどうか」「今日の課題が終わるかどうか」など、日常的な問題ね。

・すぐにはどうにもできない「気になる」

問題が大きすぎたり、あるいは手をつけることができない「気になる」ことです。たとえばもう過ぎてしまった過去の後悔。まだ何も起きていない未来への不安。社会の理不尽さに対する「気になる」。自分ではどうにもならない他人の問題。

それでは、それぞれの対処法について見ていきましょう。

・小さなこと

小さなことは、「頭がお暇《いとま》なとき」にやってきます。普段考えごとがあるとき、やることがあるときは出てきません。それは些細なことゆえに、大切なことがあると押し出されてしまうからなのよね。

しかし、甘く見てはいけないわ。言い方を変えれば、ぼーっとしたときにいつでも出てきて苦しくなってしまうということ。なので「頭をお暇にしないこと」が一番よ。

といっても、ひたすら考えごとをする必要はないわよ。散歩したり、風呂に入ったり、深呼吸したり、ストレッチしたり。あるいは家事や作業に集中したり。何か、疲れすぎないような行動を介して、その行動に没頭する感じで些細な「気になる」を追い出せばいいのよ。

・日常的な「気になる」

日常的な「気になる」への対策は、ずばり「問題への対処」ね。問題を解決していけば、当然気にはならなくなる。でも、一つ大切なポイントがあるわ。こういった問題は次々ときりがなく出てくるし、すぐには解決できない問題もある。対策したとしても、処理が追い付かなくなって結局「気になる」のよ。

そこで、アテクシがおすすめするのが、「自分への宿題法」です。これは一日にやるべき宿題を決めて、それが終了したら消していくというもの。

具体的にはこうよ。今やらなければいけない問題を眺めて、スケジュールを立てる。そして、一日にやらなければいけない分量を決めるのよ。「この日はこれをやる」と決めて予定帳につけておくの。

こうすると、毎日の「To Doリスト（宿題）が完成します。当日はそのリストを眺めて、一個一個クリアし、「To Doを消していく。こうすると、一日が終わる前には全てのやることがなくなって、少なくともその日の「気になる」から解放されるというわけね。

このとき気を付けるポイントがあるわ。

一つは、「途中で何か思いついても、できる限りその日のリストに付け加えないこと」。もちろん、緊急で対処しなければならない問題は別だけどね。もし思いつくたびにその日のリストに加えてしまうと、どれだけやっても「気になる」が減らないわ。

もう一つは「To Doリストはその日の朝に確認すること」です。前日からあまりに確認してしまうと、「これうまくできるかなあ」などといろいろ心配しちゃうわよね。でも、前の晩じゃ何も対策はできないから、「気になる」気持ちだけ朝まで持ち越すことになるのよ。

・大きな問題

大きな問題が気になっているときは、なんらかの別のストレスが溜まっている可能性があるわ。本来大きな問題、たとえば就職や結婚などという問題は、簡単には変えることができません。他人や社会のことが「気になる」場合も、なかなか変えることはできません。

逆に言うと、本来は気にしないはずなのよね。ではなぜ「気になる」かと言うと、実は背景に自分の問題が隠れていることがあるの。

シンプルな原因だと、寝不足や食事不足、多忙など身体的な疲れ。それに人間関係や、自分の置かれている環境のストレスなどね。それを見つけて対処することが大切だわ。

さてここまでで、「気になる」の考え方について大きくまとめてきました。いわば総論です。つづいていろんな「気になる」についてもっと細かくアドバイスしていくとしましょう。

Contents

第2章 他人が気にならなくなる考え方

第3章 気持ちがラクになる人生のひみつ

第1章

気にしない人が幸せな理由

同じことが起きても
「気にする人」と
「気にしない人」がいるの。
つまりそれは同じ環境でも
感じる幸せが違うということ。

Tomy's
Advice

気にする人と気にしない人の大きな違い。これは主に生きる視点をどこに置いているかによるのよね。人間はどこに視点を置いて生きるか、いつの間にか癖のようなものが出来上がっているのよ。生きる視点には主に3つあります。

一つは「未来」。

一つは「過去」。

一つは「現在」。

もちろん、誰もが未来も過去も、現在も見て生きてはいるわ。ただ、どこに重きを置くか、具体的に言うとどれだけ長い間考えているかは人によって違うのよ。

何事も気にする人は、主に未来を見ているの。未来を見ると言うと、良いことのように思えるけど、たいていは「起きるかもしれない悪いこと」を考えているの。だからきりがなく不安になっていくのよね。

一方で過去ばかり見ている人もいるわ。後悔ばかりする人ね。「もっと〇〇できたのに」「もっと〇〇しておけばよかった」

こんな人も決して生きやすくはないでしょう。

ではあまり「気にしない人」はどこを見るかと言うと「現在」です。今問題になっていることは気にして対応するけど、それがなければ何も気にせず、今という時間を楽しんでいる。

散歩をしているのなら、暖かい日差し、鳥の鳴く声、爽やかな頬を撫でる風を楽しむ。友達と食事をしているのなら、料理の味、楽しい会話に没頭する。今という時間、空間を切り取って味わうことのできる人です。あるがままを楽しむことのできる人とも言えるわ。

つまり、同じ環境の人生であっても、本人がどこを見るかによって、時間の質、つまり幸福度が全く変わってくるということなのよ。

たとえば、30代の男性。独身。正社員で、業務はちゃんとこなせています。結婚はしていないが、2年付き合っている恋人がいる。こんな人を仮定してみましょ。

この人が未来を見る人ならこんな風に考えるかもしれない。「今の業務、ちゃんとこなせているんだろうか。次のプロジェクトは、自分には向いていないと思うが回ってきたりしないよな。会社も今はいいけれど、斜陽産業だし、なくなったらどうしよう。まだ結婚とかは自分には早いと思うんだけど彼女はどう考えているんだろう。話し合って喧嘩になったら嫌だなあ。あっ、そういえば今日給料振り込み日だったっけ。ちゃんと振り込まれてるかな……」

もし、過去を見る人ならこんな風に考えるかもしれない。

「今の会社で良かったのかな。なんとかできているが楽しくはないな。もう一社と迷ったんだよな。今の彼女で良かったのかなあ。一応お見合いの話もあって、蹴っちゃったけど受けとけば良かったのかな……」

では、現在を見る人はどうでしょうか。

「今は特に何も問題はないなあ」

の一言で終了よ。

そうなの、今の時点で何も問題はない。だからこそ「気にする」エネルギーを他に回すことができる。幸せを感じることができる。

アナタはどこを見ているかしら?

今のことを考える
練習をしましょ。

Tomy's
Advice

では、どうしたら「現在」に焦点を当てていけるのかしら？　ついつい考え方を変えようとしちゃうけれど、先に「行動する」という方法のほうがおすすめです。

よく考えてみると「気になっている」とき、身体は何もしていないことが多いのよね。ちょっと空いた時間や、何となくぼーっとしているときに「気になる」。アテクシなりの表現をすれば、「頭がお暇になっている」状態ね。暇な頭が、不安や気になることを探しに行ってしまうのよ。こうなってしまうと、気になることが落ち着くのを待っても、気になることがエンドレスでわいてくる。だから、いつまでたっても他のことに取り掛かれない。

「気になること」はさておき、まずは行動してしまいましょう。わかりやすいように、具体例をあげるわね。

ケース1

休みであるにもかかわらず、職場の癖の強い取引先とのことを気にしてしまう。

「気になりやすい」人

職場の取引先のことが頭からモヤモヤと離れず、あまり何もする気になれない。家でゴロゴロ、モヤモヤしているうちに一日が終わってしまう。寝る前も引きずってしまい、なかなか寝付けない。

「気になりにくい」人

特に休みの間に気にしても、何か解決するわけではない。天気がいいのでまず考えるのを中断して、近場のショッピングモールに出かけた。あれこれ必要なものを買ったり、書店に行ったり、カフェでコーヒーを飲んだりしているうちに、気がまぎれた。そのまま疲れて寝てしまう。

実家の母とは折り合いが悪く、いきなり電話がかかってきては用件を頼んでくる。今日も「お客さんが来るので、送り迎えを頼むかもしれない」と言われて携帯がいつ鳴るか「気になっている」。

「気になりやすい」人

携帯を近くに置き、すぐに電話をとれるようにずっと気にしている。

「気になりにくい」人

気が付かなかったら仕方がないと、携帯をしまい込み、本来の自分の用事をする。

ケース3

最近LINEの返信がなかなか来なくなったと感じている友人に、ちょっとした用件でLINEした。返事を待っている。

「気になりやすい」人

なんとなくLINEをちらちら見たりして落ち着かない。最近なぜLINEの返事が来ないのか、そっけなくなったんじゃないか、何か悪いことをしたんじゃないかととりとめのないことを考えてしまう。

「気になりにくい」人

どうせすぐに返事は来ないだろうからと、最近通い始めたジムに筋トレに出かける。そのあと帰ってきてからLINEを確認したら返事が来ていた。

ざっとこんな感じ。ところでこれらのケースを見て、何か気が付いたことはないかしら。

答えは、時間の使い方。気にする人は、気になる気持ちを行動で切り替えようとしないので、「気になって落ち着かず、中途半端な時間を過ごしている」のです。この何かに集中できない中途半端な時間は「頭がお暇な状態」をさらに作り出すので、そこでますます「気になる」。つまり「気になる」状態を再生産しちゃうのよ。

「気になる」は自分自身で作っているの。

気になるのは、
問題が多いからとは限らない。
心配事を探してしまうからよ。

Tomy's Advice

気になるとき、頭の中はちょっとしたパニック状態だと言えるわ。「あれもこれも気になる、どうしよう」という具合にね。でもほとんどの場合、問題が次々起きているわけじゃないのよ。

こんなときは、「気になる」を冷静になって整理するのが大切ね。頭の中にある「気になること」の箱から、どんどん物を捨てるようなイメージでいきましょう。または、気になることの箱を、とても小さくしてしまうのよ。

具体的には、次のような方法でね。

①今頭の中にある「気になること」を全部書き出す

アテクシは何か困ったとき、書き出すようにしているわ。書き出すと、問題点を整理したり、もれなく思い出したりするのにいいのよ。また書くことによって、「ずっとそのことを考えずに済む」効果もあるわ。

まず、頭の中を占めている「気になること」を思いついた順にどんどんリストアップしてちょうだい。それができたら次のステップにGo！

②「気になること」のうち、どうにもできないこと、今すぐできないことは外す。

ここでは、①で書き出したことを仕分けするの。「気になること」でもわりとどうしようもないことってあるのよ。今すぐどうにもできないこともね。こういうものはいっそカットしちゃいましょ。この過程だけでも、気分がすっきりすると思うわ。

③残った「気になること」を優先度の高い順に並べる。

次にこれらを優先度の高い順に並べましょう。優先度をつけるときに、「あ、これめっちゃ気になってるけど○○に比べたら大したことないわ」といった発見があると思うのよ。それが冷静になるってことよ。

④どう対策すればいいか考える。

いよいよ「気になること」のリストを見て、何を対策すればいいか考えましょう。これは優先度に関係なく、思いつくところから考えていけばいいわ。問題解決は「抜ける根っこから抜く」なのよ。冷静になってみれば、すぐ解決するものもあるかもしれないわ。

⑤対策できたことはリストから消す。

対策できたことは「気になる」リストから消しましょ。

③～⑤を繰り返すと、気になることはどんどん減っていくわ。実に気分爽快よ。慣れてくると、いちいち書き出さなくても、頭の中でこの作業ができるようになってくるの。

そうなれば「気になる」ことマイスターも目前よ。

気にしても、
気にしなくても、
生きている時間は同じなの。
普段から「気になる」を
意地でも増やさない。

Tomy's
Advice

頭の中で何かを「気にする」とき、ずっとそのことを考えていて、そして不安になっているはずよ。素敵な景色が目の前に広がっていても、大切な人と美味しく食事をしていても、テーマパークで友達と騒いでいても、気持ちは「気になること」のほうに向いてしまっている。

何より大切な自分の時間、限られた時間が、「気になる」ことにずっと支払われてしまうことになるのよね。それはとてももったいないことだし、悔しいことでもあるのよ。

「気になる」ことへの実際の対処法については述べてきました。でもね、それよりも大切なことってあるのよ。それは「気になる」を増やさないこと。全力で、「絶対に増やさない」ぐらいの強い気持ちで臨むぐらいでいいんです。

具体的にはね、「気になる」が形になる前に「予兆」というのがあるのよ。

「あれ何か気になる……何だろう……ああっ、これだ」って感じにね。

この「何か気になる」の段階で、ふんぬと気合を入れて違うことを考えるようにしてみて。大丈夫、大事なことだったらもっとしっかり思い出せるはずだから。

人生は意外と短い。
それがわかれば「気になる」
時間がもったいないわ。

Tomy's
Advice

いろいろ細かいことが「気になる」のは、人生の長さをちゃんと実感していないからかもしれないわ。年を取ると、細かいことが気にならなくなるの。なぜなら、人生が意外と短いとわかるから。残り時間が、意外と少ないって気が付いちゃうから。

若いとき、あれこれ気になるのは、明日が無限に来ると思うから。自分が年を取って、死を意識するのがずっとずっと、想像もつかない先のことだと思い込んでいるからかもしれないわ。

ここで、「主観的な時間」についてちょっとお話しさせてくださいね。実は時間の流れ方って、結構違うものなのよ。一日がいつも同じ長さで感じるわけじゃない。

基本的には年を取れば取るほど、時間は加速度的に早くなっていく。それはきっとあなたが想像するより早いものなのよ。たとえば、3歳の子供にとっての1年は、それまで生きた時間の3分の1。人生の3分の1の時間なのよ。そして、20歳の1年は人生の20分の1。40歳の1年は人生の40分の1。

単純計算すれば、40歳の1年は3歳の約13倍、20歳の2倍のスピードで感じられるってことになるのよ。

そんな勢いで時間が過ぎていくのなら、本当に大切なところだけで気になりたい。そう思わない？

気にすることを
「気にしなくていい」。
でも気にしないほうが、
よりラクに生きられるわ。

Tomy's
Advice

ここでお話ししておきたいのは、「気にする」ことを気にしないこと。気にする自分すら気になって、「こんなんじゃいけない」「変わらなきゃいけない」と追い込むことがあるの。つまり、二重で気にすることになる。自分をがんじがらめにしてしまうのよ。

「気にする」人がやってしまいがちなのは、「こうしなければいけない」と思うこと。だからさらに気になることが増えていくのよね。このままの自分でいいという感覚が弱いのかもしれない。

そんなことは決してないのよ。自分はそのままでいいし、世の中のアドバイスは「良いとこどり」でいい。まず自分を肯定した上で、自分に向いているなと思う部分をやってみる。合わなかったらやめてみる。

「気にしない」ということは、「ちょっと柔軟にやってみる」ということでもあるのよね。

まずは気にする自分を認めてあげることから。

気にしているのは
アナタだけじゃない。
誰もが何か気にしているわ。

Tomy's
Advice

気になりやすい人は、「気になる」をどんどん増やしていく傾向にあるわ。何かが気になり、「こんなこと気にするのは自分だけじゃないか」と気になり、どんどん負のスパイラルに陥ってしまう。

でも安心して。誰もが何かを気にしている。アナタだけが気になって困っているわけじゃない。ただ気になるポイントはみんな違うし、気になりすぎないようあれこれトライもしている。そして「気になる」を表に出さない人も大勢いる。だから一見「自分だけ気にしているのかな」って見えるだけ。

そもそも「気にしている」ことを表に出したら、余計気になるでしょ。意識したくないのにできないから気になる。表に出したら嫌でも意識しちゃうでしょ。

まず「自分だけが気になっているわけじゃない」、そう自分に言い聞かせるだけでも、少なくともこの負のスパイラルから少しは抜け出せるはずよ。

気にするべきこともあるわ。
でもそれは気にしなくて
済むようにもできる。
ヒントは「計画」よ。

Tomy's Advice

「気になる」ことは辛いけれども、全て気にしなくていいわけじゃないわよね。考えるべきことがあるから「気になる」わけです。ただ、問題はそれが過剰な場合なのよ。

なぜ過剰になるかというと、「気になる」人は、常に心の中にある「不安」を抱えているのよ。それは何かというと「失敗」という不安。ちゃんと準備したはずなのに上手くいかなかった。あるいは、たまたま上手くいったけど、偶然ミスの原因に気が付かなかったら、失敗していたかもしれない。もし失敗していたらどんなふうになってしまっただろう、など。

この「失敗」を強く恐れる気持ちが「気にする」につながり、ささいなことでも見落としていないか、このままでいいのか、様々な失敗の種になりそうなことを何もなくても探してしまうというわけなのね。どうしても気にするべきことだけ手元に残し、適切な対応をするのが重要なの。

では、どんな対応が「適切」なのかしら。ヒントは「計画」よ。どうしても気にしておきたいことに対し、計画をしっかり立て、それを実行することによって気にしなくても良い状態を作ればいいの。

具体的には「試験」をイメージしてみて。試験を受けるときは、着実に問題を解き、問題を見直して、ミスがないかどうかチェックするでしょ。でも、見直しはせいぜい1回か2回。5回も6回も見直す人はあまりいないはずよ。

それは残り時間が足りない場合は別として、2、3回見直して見つからなかったミスが、5回目や6回目の見直しで見つかるケースというのはあまりないということを経験的に知っているからよ。だからそれ以上はあまり気にしなくて済む。

もし、退出しても良い試験ならば、途中で見直しをやめて、退出する人もいるでしょう。それは、うまく計画通りに試験を終え、見直しもやったからこそ、気にすべきことを気にしなくてもよくなったから、と言えるわよね。

これを日常の「気になる」に取り入れましょう。その武器が「計画」なのね。「ここまでやったら十分だ」というラインを決め、それに基づいて行動する。正攻法も大切なのよ。

第2章

他人が気にならなくなる考え方

相手は
あなたの言ったことなんて、
ほとんど忘れているものよ。
アナタも
相手の発言のことなんて、
たいてい忘れているでしょう。

Tomy's
Advice

「あんなこと言わなきゃよかった」って気になる人、多いんじゃないかしら？会話の大半ってたいていすぐに忘れられ、内容もぼんやりとしか覚えてないものよ。あなただって相手の言ったことなんてほとんど思い出せないんじゃない？

あなたの気にしていることはほとんどが杞憂なのよ。

でも世の中には「あの一言が忘れられない」、「どうしても許せない言葉がある」なんてことを言う人がいるのも確かかね。ただ、それは割合で言ったらごくわずか。だってそうでしょ、数えきれない言葉を発しているのに、そのうちのたった一言よ。さらに、大切なのは、「言葉」じゃなくて、その人との関係性が問題だってことよ。同じ言葉でも、関係性の良い人間の発した言葉は流せるけど、関係性の悪い人からの言葉は許せない。そんなことはよくある。

たとえば、適切な指導をしてくれる尊敬できる上司に、

「あなたのやり方は間違っている」

と言われたらまじめに聞こうと思うでしょ。でも、ころころ気まぐれに意見の変わる感情的な上司から同じことを言われたら、許せないじゃない？

だから、関係性がちゃんとできているのなら、たった一言が大きなミスとなって相手と上手くいかなくなる、なんてことはないのよ。

また、言葉は「最後の言葉の印象が残る」ということも覚えておいて損はないわね。後からいくらでも塗り替えられるってこと。つまり、アナタが気にするほど、相手は気にしていない確率が高いし、いくらでも挽回できるのよ。

それでも、くよくよしてしまう人は次のことを意識してみて。相手の反応がなければ、待つ。放っておく。追わない。一番良くないのは、相手の反応が来る前に、さらに言葉を重ね、なんとかフォローしようとすること。

これは「気になる」をさらに悪化させ、本当に気まずくなることすらあるわ。

具体的な例で考えてみましょう。

相手にささいなお願いでＬＩＮＥをしたら、返事が来なくなった。

まず、「気にする」人はこう考えがちよ。

「お願いをしたから怒っているんじゃないか」

これはたいていの場合間違った考えね。もしそのお願いごとが聞き入れられない内容なら、たいてい断られるでしょうから。相手はすぐにＬＩＮＥを返せない状況かもしれないし、どうしようか考えている最中かもしれない。単純に忘れてしまっているだけかもしれない。少なくとも、「あなたを嫌いになったので無視している」可能性は低いでしょう。

しかし「気になる」の人の頭の中では、この可能性の低いことがどんどん大きくなっていくのよね。可能性が低いと認識していたとしてもね。

結果として、連続してＬＩＮＥを入れたり、電話を掛けたりしてフォローしようとしてしまう。でもそれをすればするほど、あなたが恐れている「相手を不愉快にする」可能性が逆に高くなってしまうのよ。

ここであなたの暴走の原因になっているのは、「相手を不愉快にさせないこと」より「自分の不安を和らげること」を優先させてしまっているからなの。

そんなあなたにとって一番大切なことは「待つ」こと。ひたすら待つのが一番いいです。「待つ」ことは最初辛いのですが、だんだんと待ち慣れてきて、やがては「ま、いいか」と思えるようになるわ。

恋愛じゃなくても、追われると人は逃げていくもの。だからこそ、追いかけない。それが大切。

「嫌われてるかも？」
たいていそれは思い込みだし、
そもそもどうでもいいことよ。
自分の大切な人がいれば
それでいい。

Tomy's
Advice

何もないのに、他人が自分のことを悪く思っているんじゃないかと「気になる」人がいるわね。たとえば、自分の知らない飲み会があったと聞いただけで「嫌われている?」と気にしちゃうような人。たいていの場合、これは思い込みなのよ。

問題は、思い込みだと証明することがなかなかできないことよね。

もし誰かに聞いても

「あなたのことを嫌っていますよ」

なんてはっきり言うはずがないし、

「そんなことないですよ」

と言われたところで全然安心できない。普通は「あなたのことを嫌っています」なんてわざわざ言わないもの。そうこうしているうちに「気になる」がひどくなる。

これを一番解決してくれるのは、仲のいい人を一人でも作ること。

一人話せる人がいれば、あとの全員とうまくいかなくても、あまり気にならなくなるわ。そもそも「嫌われているかどうか確信が持てない相手」なんて、どうでもいい立場の人間よ。みんなと飲みに行くより、仲のいい人とお茶でもしたほうが快適でしょう。

また、一人仲のいい人ができるとその人が窓口になって、また仲のいい人ができやすくなるわ。類は友を呼ぶ。そうすれば、お誘いの頻度も増えてくる。

つまり大切なことは、大勢と行動するのではなくて「居心地のいい人」と一緒に過ごすことなのよ。無理に大勢と行動しても、それは「無理に」なの。それが周りにも伝わって、さらに誘われなくなる。するとまた焦る。悪循環よね。

目安としては「誘われるかどうか気になる」より、自然と自分から誘いたくなる。それぐらいの人と交流を重ねていけばいいと思うわ。たいてい孤立を感じている人は、最初の一人も探し出そうとせず「みんなの輪に入らなきゃ」とハードルを高くしてしまっているの。

仲間外れにされているかどうかを気にするより、「仲間外れにされても気にならない環境」を作るのよ。

相手にどう思われているか
気にしすぎると、
かえって悪く思われることも
あるのよ。
まずは想像力を働かせましょ。

Tomy's Advice

相手の考えていることが「気になる」場合、まず相手の気持ちになりきってみるのが一番ね。でも、気になる人は「わからないものをより悪く想定する」癖があるわ。だからなりきるにもコツがあるわ。

早速具体例を出して考えてみます。

たとえばこんなケース。上司の前でお客様からの電話対応をするとき、上司に「ダメだな」と思われるのが気になって電話をあまりとれない。

まず、もしアナタが上司だとしたら、アナタの電話に「ダメだな」と思うかどうか考えてみてください。上司の印象が一番悪くなるのは、「アナタが電話をとらない」ことなんじゃないかしら。

一番適切な方法は、「苦手でも勇気を出して電話をとること」よね。苦手だったら、定型文を作って読むとか、「この電話対応で問題ないでしょうか」と上司に聞いて意欲を見せるとか、そういうやり方もあるでしょう。

それなら、上司も「ああ、苦手でも頑張っているな」と評価してくれるはず。

「上司がどう思うか気にして電話をとらない」のは、最悪の対応よね。

何が言いたいかというと、人は自分の感情や感覚を中心に行動するので、意外と相手の気持ちになることができないものよ。こういう場合、相手の気持ちを意識するだけでも、見えてくることがあるわ。

迷惑に思われているか
気になって頼みごとが
できない？
安心できるボーダーラインを
下げましょ！

Tomy's
Advice

気になって頼みごとができないという人、いるわよねえ。でも、本当は気になることが問題ではないのよ。本当の問題は「関係性」なの。

つまりこういうことよ。「頼みごとをしたぐらいで人間関係が壊れることはない」って安心できている関係なら、問題はないはず。ただどこまでが「安心か」のボーダーラインが人によって違うのね。

なので解決方法は、

・自分の「安心」できるボーダーラインを下げる

ことが大切！

たとえば、より「安心」できる人にお願いする、というのも対策の一つよね。より仲のいい、付き合いの長い人、普段からいろいろと相談ごとに乗ってもらっている人などね。

また、「自分をお願いごとに慣らしていく」というやり方も有効よ。これはお願いごとをするのに慣れることで、「大したことないじゃん」と自分を安心させていくやり方ね。

またちょっと応用して、

・先に相手のお願いごとを聞く

というのもアリだと思います。普段からお願いごとを聞いておけば、相手もあなたの頼みごとを断りにくくなるし、あなたも頼みやすくなるでしょ。

相手は思うほど自分の見た目のことなんて、気にしてないわ。口にしたとしても、お天気の話題ぐらいの意味合いよ。

Tomy's Advice

見た目でとやかく思われるのが「気になって」、なかなか会いたくない、億劫だという人がいるわよね。

でも、ほとんどの人はアナタの見た目のことなんて気にしていないのよ。もし気にするとしたら、容姿やファッションのことではなくて清潔感や、マナーよ。

稀に相手の見た目を気にして、ファッションチェックしたり、「こういう格好の子とは歩きたくない」なんて口にする輩もいるけれど、それは相手にしなくていいわ。失礼で自己中心的な人だから。

また、世間話的に、見た目を話題にしてくる人もいるわ。この場合は「今日はいい天気ですね」程度に見た目のことにうっかり触れてくるのよ。もし嫌なら、「見た目のことは言わないで」と笑いながらソフトに言えば解決するわ。

ためしに、逆に自分が「相手の見た目」を気にするか考えてみたらいいのよ。ハロウィンパーティーに行くわけでもなければ、気にもしないし、覚えていないことがほとんどでしょ。相手もそれぐらいにしか思ってないわよ。

ミスをしたことが
気になる？
ノンノン、
ミスをしたら
気にするんじゃなくて
カバーするの。

Tomy's
Advice

大きな失敗をしたときに、「周りにどう思われるか」が気になって動けなくなる人っているわよね。でも、大きな失敗をしたときにまずすべきなのは、「失敗のカバー」なのよね。決して「周りにどう思われるか気にする」ことではないの。

ここで、アテクシは「気になる」のジレンマについて説明したいと思うわ。アテクシの造語なんですけどね。

これはどういうことかというと、「気になれば、気になるほど、余計気になる事態に陥る」ということです。たとえばこの場合だと、

・大きな失敗をする↓失敗がどう思われているか気になる↓本人への評価が下がる↓さらに自分がどう思われているか気になる

ということね。

なぜこんなことが起きるかというと、「どう思われるか気になる」っていうのは自分のこと。自分のことばかり考えて行動していたら人からよく思われるはずがないのよ。

ミスをしたらまず考えるのは仕事の状況や同僚への配慮、上司への謝罪など

です。迷惑をかけていないか、考えるはず。その気持ちに従って一生懸命動いていたら、逆に周りの評価は上がるし、あなたの「どう思われているか」は解決するはず。

「気になる」ときに「気になる」気持ちを優先して動くと、より事態が悪化する。これが「気になる」のジレンマってことよ。だから、ミスをしたときは「気になる」気持ちをスルーして、まずは一生懸命カバーしてみてください。

気になったら
即聞けばいいわ。
悩んでいると「気になる」が
育って聞きにくくなるもの。

Tomy's
Advice

「気になる」人が一番陥りやすい状態は、聞けばいいのに聞けなくなること。「場の空気を乱す」「嫌われる」のを恐れているゆえにね。

こういう人は「今はタイミングが悪そうだから、あとでタイミングを見て話そう」と考える。でも、あとになればなるほど難しくなっちゃうの。

話というのは思いついたときが一番の旬なのよ。あとから聞こうと思っても、「ほらあのときのことだけど」と付け加えなければいけないし、そのころには相手の中での印象もぼやけている。

それでは相手に指摘しても「そんなことあったっけなあ」「確かにあったけど、そんなに気にするほどかなあ」と思われ、効果があまりないのよね。すると、「一生懸命伝えたのに、うまくいかなかった」という思いが自分の中に出てきちゃうのよね。

そしてさらにあなたは聞きづらくなる。また「いつ聞こうか」という、もう一つの「気になる」を抱え込んでしまう。後回しにしていいことは何もないのよ。

なので、気になったらすかさず聞きましょう。それが一番ラクよ。なあに、万が一相手が気分を害したら、あとでいくらでもフォローできるわ。それに、気になることを伝えたぐらいで関係性が悪くなる相手は、そもそもうまくやっていけない相手よ。

苦手な人からの「気になる」言葉は、苦手な人ごと対処しましょ。

Tomy's Advice

苦手な人の言葉が「気になる」ってあるわよね。いちいち気に障ることをねちねち言ってくる人。一番いいのはそんな人とは接触しないことだけど、身内だとそうもいかないかもね。でも極力接しない方法はあるのよ。

それは「タイミングをずらす」こと。

たとえば生活時間、寝る時間や起きる時間などをずらす。食事をする時間をずらす。仕事や買い物に行く時間をずらす。それをできる限りやるだけでもだいぶ違うわよ。

さらに、

「言われた気になる言葉に反応しない」

というのも大切。まるで聞こえなかったかのように対応すればいいわ。だいたいこういう人は、独り言のように言うことが多いのよ。

「ちょっと姿勢が悪いよね」

「話し方がきんきんして耳障り」

といった感じにね。

これに対して気になる人は

「あ、すみません」

などと、悪くもないのに謝ってしまう。そうなるとさらに相手は調子に乗って、自分のほうが立場が上かのように勘違いするのよ。

こういうときは、相手の独り言のような言い方を逆手にとりましょ。つまり反応しない。

相手が答えを求めてきたときだけ反応すればいいわ。嫌われる可能性もあるけど、そんな人には嫌われたほうがマシよ。

新しい職場で、
自分の振る舞いが
ぎこちないのは当たり前！
むしろ転職したては
ボーナスステージよ。

Tomy's
Advice

新しい職場で「自分が変なことをしていないか」気になる人っているわよね。

でも、それって、慣れてないから当たり前じゃない？　大事なことは「気になる」ことより「新しい仕事を早く覚えること」。ここでも「気になる」のジレンマが発動しちゃっているわね。

本来なら新しい仕事を覚えるだけでいっぱいいっぱい。自分がどう見られるかまで気にしていられないはずなのに、気になる。なぜそんなことになるかというと、「どうしたら仕事が覚えられるのかすらわかっていない」からじゃないかしら。

たとえば職場が教える体制になっていないとき、やらなきゃいけないのに何をしていいのかわからない。

これを解消するには、「聞きまくる」しかないわ。発想を切り替えれば、入社したての時期は「聞いて当たり前」「むしろ積極的に聞くことがやる気があると認識される」絶好のボーナスタイムとも言えるもの。これを生かさない手はない。

とはいえ、同じことを何度も聞くのは失礼だから、ちゃんとメモをする。覚えようとしているという姿勢ははっきり見せるのよ。

たまに、聞くことをよしとしない環境もあるわ。この場合は、その環境がおかしいのよ。そんなときは環境を変えることを考えてもいいわね。

同窓会で
友達と比較して気になる？
友達のライフステージと
比較しても仕方がないわよ。
そもそも土俵が違うんだもの。

Tomy's
Advice

友人と比較しちゃって同窓会に行けない人って結構いるのよね。でも、友人はアナタの人生を生きているわけじゃないし、アナタも友達の人生は生きられない。そもそも土俵が違うから、気にしたってしょうがないのよ。

かつては同じ学生だったお互いが、それぞれ違う道を歩んでいく。だからこそ連絡を取り合う意味があるんじゃないの？　ライフステージが違うことが問題なのではなくて、むしろ違うことが大切なのよ。

せっかく環境の違う友人と久しぶりにお話するわけだから、自分の今のいい点も悪い点も、お話して意見を聞いてみたらいいんじゃないの。違う土俵にいる友人だからこそ見えてくることもあるわよね。

また一見あなたから見てうらやましく思う友人でも、その立場じゃなければわからない悩みもあるはずよ。

友人というのは「気にする相手」でも、「マウンティングする相手」でもない。楽しい時間を一緒に過ごすことに意味があるのよ。そう思えない相手なら、厳密には友人とは言えないかもしれないわね。

アナタが気安く過ごせる人と会えばいいだけなのよ。

「気になる」相手が、
身内で距離がとれない？
そんな場合でも
対策はあるのよ。

Tomy's
Advice

「気になる」相手が、家族だったり職場の上司だったりして、距離をとろうにもとれないという相談はよく寄せられるのよ。確かに距離はとりにくいかもしれないけど、それでも対策は可能よ。

距離をとるというと、物理的距離をイメージするけど、それ以外にも時間的距離、心理的距離をとる方法があるわ。詳しく見ていきましょ。

①時間的距離

簡単に言うと「接触時間を減らす」ということね。距離が近すぎるというのは言い方を変えると、「コミュニケーションをとりすぎている」のよ。何から何まで筒抜けなので、相手も口を出せるポイントが多い。何から何まで報告しなければいいのよ。

だからコミュニケーションする時間を減らす。同じ家にいる時間を減らす。相手が帰ってきたら自分は出かけるとか、すれ違うようにする。一緒に食事をとらないようにする。睡眠時間をずらす。自分の部屋でなるべく過ごすようにする。やれることはいろいろあるわ。

②心理的距離

これはね、「相手の言うことを真に受けない」ということよ。つまりスルーする。基本的には、相手の言うことに全部反応しない。また自分のことを何から何まで話さない。意見を聞かない。

相手に意見を求められても、言いたくなければ言わない。原則として「自分にとって望ましい言動には反応し、そうじゃないものには反応しない」。そういうことを繰り返しているとだんだん適切に心理的距離がとれるようになるわ。

でも、無視とはちょっと違うの。「うん」「そうなんだ」と軽くあいづちを打つ程度にして、話を広げないぐらいの感じ。

こうすれば、たとえ物理的な距離はとれなくても、距離感が適切にとれるのよ。

メールやLINEで
冷たいんじゃないかと
「気になる」のは、
情報が少ないせいよ。
たいていは杞憂なの。

Tomy's
Advice

メールやLINEなど文章のやりとりが「気になって」しまう人、案外多いのよね。かくいうアテクシも、ちょっと苦手です。

アテクシの場合は、相手が文章を送ったタイミングで終わらせると、悪いような気がして続けてしまうのよ。相手も同じタイプの人間だと、大して意味もないメッセージのやりとりが延々と繰り返されることもあるわ。

本当は何も考えず、サバサバと終わらせるのが一番なのよね。またスタンプで終わらせると、気を使い過ぎず会話を終わらせることもできる。だけどなかなかそれができないから、ささいなことだけど、気になり始めると案外面倒くさいのよね。

で、アテクシ考えました。なぜメールやLINEが「気になる」のか。情報が少ないからなのよね。

たとえば相手と会ってお茶をするとき、「相手の言葉がそっけない」「私の話しかけた言葉で会話が止まってしまった。嫌われてるのかな」などと考える人はあまりいないと思うの。

これは相手に会っているときは、相手の表情、しぐさなどの情報があるから、気にならないのよね。ところがメールやＬＩＮＥは文字だけだから、相手の様子は窺えない。少ない情報から、多くのものを読み取りすぎてしまうのよ。これは「気になる」人によく見られる傾向。たとえるならば、隙間からのぞいたときに、耳としっぽが見えた。それを見て「もしかするとここにはライオンがいるかもしれない。危険だ」と怖がるようなものよ。

たいていは考えすぎ。「気になる」を適当に打ち切っても大丈夫よ。

「いいね」の有無が
気になるぐらいなら、
SNSごと
カットしちゃいましょ。

Tomy's
Advice

「いいね」というのは、必ずするものではないわよね。いいと思っても付け忘れたりすることもあるし、普通に今回のアップを見ていない可能性もある。

それに「いいね」の使い方も人によって様々よ。つまり、「いいね」は気にするような代物じゃないんです。それが気になるってことは、そもそもSNSに向いていない。やらなければいけないものじゃないし、楽しくなければやらなきゃいいんじゃない、というのが正直なアテクシの意見。

そこまでする勇気がないのなら、まず試しに制限してみたらどうかしらね。たとえば「一日一回、15分までにする」などね。「気にする」は距離感が近すぎるのも原因よ。

SNSのフォロワーとの距離感も原因になるけど、SNSという存在とあなたの距離感が近すぎる可能性もあるわけ。だったらSNSから離れる。やらなければ「いいね」も気にならないんだから。

パートナーが
家事に非協力的で
イライラ？
自分が何かしているときに、
相手の仕事を作って
頼んでみて。

Tomy's
Advice

家事は毎日のことだから、パートナーが非協力的だとイライラするし、気になるわよね。ストレスへの対処は基本は「離れる」なんだけど、自分の家だし、相手はパートナーだし、そんな簡単にはいかないかもしれない。

こういう場合の基本の考え方は、「最小の労力で、最大のストレスをカットする」やり方ね。たとえば、自分が何かやっているときに、相手に「あなたはこれをやってください」と言う。言われなきゃ動けない人の場合はこれが有効。

言われなきゃ動けない人を「自ら進んで動ける人」にするのは労力もかかるし、上手くいかない可能性が高い。だったら、今やることを簡潔に伝えてみればいいのよ。

それすらやろうとしない相手なら、ソフトボイコットもおすすめ。家事は誰かがやらなきゃいけないから、相手が動かなければ自分が動くことになる。それじゃ何も解決しないから、相手が動かないときは「最低限の家事」しかしない。

それで文句を言われたら、「じゃあ一緒にお願いね」と言ってみる。

後輩が自分より優秀で
気になっちゃう？
優秀だと思うところを
素直にいただいちゃえば
いいのよ。

Tomy's
Advice

自分の部下や後輩が、優秀で嫉妬しちゃう。そういうことが気になるときは、素直に相手の良いところを認めるのがいいわね。嫉妬しているということは、相手の良い点を認められているってことですからね。むしろその点だけ考えてみればいいことじゃない？

じゃあなぜ気になるのかというと、「自分の立場はどうなるの」などと、自分のことを考えているからなのよ。問題は部下や後輩の存在ではなくて、自分のエゴなんです。そこから気をそらしてあげればちょっとはラクになるはずなのよ。たとえば「自分が会社で役に立てることは何かな」と会社について考える。「後輩なのに優秀で凄いな」と素直にほめてみる。後輩の良い点で、自分に取り入れられそうなものはないか考えてみる。

こんな風に自分のことではなく、相手のことを考えるようにすれば嫉妬も軽減できると思うわ。それどころか、立場を気にせず他人のいいところを素直に吸収すれば、あなたのスキルも評価も結果として上がっていくはずよ。

第3章

気持ちがラクになる人生のひみつ

日常は
ちょっと暇なぐらいがいい。

Tomy's
Advice

では、ちょっと視点を変えて、この章では「どうしたら気持ちがラクになるのか」、その方法について考えてみましょう。気にしない力が強い人は、言い方を変えれば「気持ちがラクになる」術を身につけている人でもあるからです。

皆さん、「暇」って聞いてどんなイメージを持ちますか？　アテクシは「暇」に対するイメージはちょうど2つに分かれると思っています。

一つは「暇なのは良いこと」派。もう一つは「暇なのは悪いこと」派。どっちにも言い分はあると思うわ。暇を余裕やラクさだと考えると、良いこと。必要とされていないから暇と考えると悪いことになるのよね。

どちらのほうが生きにくいかというと、無論「暇なのは悪いこと」派だと思います。自分が必要とされているのかどうかが善悪の基準になっているから。でも自分が必要とされるかどうかは自分じゃ決められないのよね。

上司だったり、組織だったり、世間だったり。自分じゃない他人が決めること。つまり自分軸がないからこそ「暇＝悪」になっちゃうのです。

暇を良いことだと認識するには、堂々と暇でいられるためには、自分軸を持っていないといけないということなのね。ただ自分軸を作るのはそんなに簡単ではありません。

ちなみにアテクシは、「暇なのは良いこと」派でした。どこまでも暇にしてもやっていけるタイプ。他人から呆れられてもおかまいなく暇な生活をエンジョイできるのです。

しかし、そんなアテクシも30代半ばから後半はそうも言っていられなくなりました。大きな環境の変化が相次ぎ、かなり多忙な状況に追い込まれてしまったのです。自分がつぶれるかもと思い、実際つぶれかかったけれど、なんやかんやで乗り越えてきました。そしてそんな時期は「暇なのは悪いこと」派になっていたような気がします。思えばそのときの自分を正当化したかったのでしょうね。

そしてその時期も落ち着き、今は本来の自分を取り戻せている気がします。それを踏まえた上でのアテクシのおすすめは「ちょっと暇」にする。完全に多忙じゃないけど、完全に暇じゃない。「もうちょっとやろうと思えばできるんだけどなあ」という程度。

これぐらいにしておくと、新しいことをやってみたいなあという気力が生まれる。かつかつで動いていると、やりたいことがわからなくなる。それに、何かイレギュラーなことが起きたときに対応する余裕がなくなる。今の自分の状況を振り返る余裕がなくなる。

自分が船だとしたら、エンジンのコンディションや進行方向などを確認する余裕が必要なのよ。だからおすすめは「ちょっと暇」なの。

たいていの心配は
的外れだと理解する。

Tomy's
Advice

ラクに人生を歩めている人って、心配ごとを切り離すのが上手なのよね。アテクシは、実はこれがとても苦手です。ある意味完璧主義なのかもしれないけれど、「まあなんとかなるよね」とたいていの人が思うこと、そして自分でそれは重々承知していたとしても頭に残ってしまう。常に最悪なこと、最悪なことを考えて「そうなったらどうしよう」と思う。あるいはちょっとした変化をその前兆のように思ってパニックになってしまう。素のアテクシって呆れるぐらい心配症なんですよ。

そんな自分の出した結論は、「心配するなと言っても無理」です。心配するなと言っても、やっぱりそれは自分の気持ちだからなかなか難しい。心配したあとの処理の仕方を工夫するのがいい。

それには「たいていの心配は的外れ」だと頭で理解すること。一番手っ取り早いのは、過去の心配よね。実際自分が心配したことのうち、どれだけの出来事が現実になったかを振り返ってごらんなさい。

たいていの心配ごとの打率って、そりゃまあ酷いものよ。ほとんど外れているわ。だから今アナタが心配していることもたいてい外れる。そしてさらに言うと、今アナタがこうしてなんとかやっているわけだから、心配ごとが当たったとしても何とかなるってこと。

ほらだんだんラクになってきたでしょ？

他人の言葉は参考程度。

Tomy's Advice

他人が自分に向けてかけてくる言葉がある。それは叱責だったり、叱咤激励だったり、慰めだったり、批判だったりする。アテクシはこんな言葉たちについて、最初は全てにまじめに向き合おうとしていた。だって、わざわざ手間暇かけて、自分の為に言葉をかけてくれるわけだから。

でも、それをやるとやがて息苦しくなることに気が付いたわ。みんな違うことを言ってくるから、全部を取り入れるのはそもそも難しい。そして、根本的に、この方針には間違いがあると気が付いたの。

それは「自分の為に」という部分。実はそんなことはない。もちろん自分の為に相手がかけてくれる言葉も多少は混じっている。でもたいていはなんとなくだったり、気まぐれだったり、お節介だったり、相手自身の為だったりする。

そうなのよ。わざわざ相手が他人の為にかけてくる言葉は、好意とは限らない。それを好意と捉えて全部まじめに聞き入れるとおかしなことになってくる。

ラクに生きられる人は、他人の言葉は参考程度。文字通り捉えて真に受けない。「そういう意見もあるんだ」とまず捉えて、余力があれば「なぜこの人はこんなことを言うんだろう」と考える。

これができないと、特にネガティブな言葉をかけられたときはどんどん傷ついて動けなくなる。人と接するのが辛くなることすらあるわ。

でもね、人の言葉というのは、正直な気持ちとは限らないのよ。たとえアナタが正直なことしか言わないとしても、周りはそうじゃない。

たとえば上手くいかないだろうなと思っても、相手ががんばっていたら応援する。本当は相手のことを凄いと思っていても、嫉妬や自分の立場を守りたい一心でけなす人もいる。本音は違うけど、周りから浮きたくないから逆のことを言う。

つまり言葉というのは、本音だけではなく、言う人の立場や意図を反映して出てくるのよ。

他人の言葉というのは、本来自分が必要だと感じて聞きにいくもの。そうでもないのに相手から言葉をかけてくるときは参考程度。ちょっと距離を置いて聞く。そういうスタンスでいるほうがラクに生きられるというわけです。

嫌われてもいい。

Tomy's Advice

「誰にでも好かれる人」って表現があるけれど、実際にはそんなことはあり得ないのよね。「好かれることの多い人」ってだけのこと。そしてそんな人は多分「誰からも好かれたい」などとは思っていない。それどころか「嫌われるかどうか」を考えていない。

逆に考えてごらんなさい。「誰からも好かれたい」って思っている人が魅力的だと思う？「いやいや、そんなこと無理でしょ。もっとしっかりしなさいよ」って思うんじゃない？そうなのよ。「誰からも好かれたい」と思う人は好かれない。だって何をしたって、嫌う人というのは出てくる。「嫌われたくない」が行動の基準になっている人は、常に周りの人の顔色を伺って何もできない。

だから逆説的だけど、多くの人に好かれたいのなら、「嫌われてもいい」と思うほうがいい。あいさつと笑顔と思いやりがあれば十分なのよ。

人には価値観があって、その価値観が本人を輝かせる。価値観が合うもの同士が化学反応を起こす。でも逆に言えば合わない価値観の持ち主だっている。だから嫌われる。それだけのことなのよ。

そうはわかっていても嫌われたくないって思う人もいるでしょう。なぜ嫌われることに抵抗感があるかというと、嫌われると相手から攻撃的な態度を見せられるからなのよね。

　適当にあしらわれたり、かみつかれたり、相手にされなかったり。確かに気持ちのいいものではない。でもそういう人はそもそも関わらなくていい人。相手から「私は関わらなくていい人ですよ」とシグナルを出してくれている。赤信号みたいなものよ。

　視野を広く持って、嫌われることに慣れるのよ。どんなに素敵な人でも誰かからは嫌われている。

期待の強い人からは離れる。
そして自分も期待は最低限に。

Tomy's Advice

思えば、アテクシが若い頃は、周りも自分も期待だらけの人生でした。基本的にはアテクシは素直なタイプで、親や先生の言うことはそのまま聞きます。勉強しろと言われれば勉強するし、ここを受験しろと言われれば受験するし、医者になるべきだと言われれば医者を目指しました。

ここでアテクシが気が付いたのは、他人の期待通りに進むと、また周りの期待が強くなるということ。そう、期待通りに物事を進めると、どんどん苦しくなってしまうのよ。

そんなアテクシがどうにもならないなあと思ったのは、やはり自分がゲイだと自覚したことでしょうか。これだけはどうにもならない。そしてきっと周りの期待通りではない。その先がイメージできなくなりました。

結果として、親に追いつめられるようになって20代後半にカミングアウト。そのときは親も混乱していて大変でした。だけど今思えば、それまで期待通りに、大して反抗期もなく来ていたことが、この結果を生んだのだと思います。今はその時期も落ち着き、「こんなこともあったわねえ」と親子ともに話し合えるぐらいですが、ハードランディングはハードランディング。

最初から期待に対しては距離を置くということが大切なのだと思います。特に自由にできる人間関係に対しては。というのも、ストレスや悩みの原因の大半は、人間関係なのよね。そして、人間関係の悩みは「期待」が作り上げていると言えます。

たとえば、期待の強い人。こういう人は勝手にアナタにいろいろ期待して、それを押し付けてくるわ。たとえ悪気はなくてもね。期待通りじゃないと「残念だ」「失望した」「がっかり」なんて言葉を投げつけてくる。これって無防備に聞いてると、結構なダメージになるのよ。

期待に応えると、相手は喜ぶけれど、また次の期待を押し付けてくる。さらに今まで期待に応えた分は「当たり前」になってしまうから、期待がどんどん大きくなるのよ。

こういう人に近づくと、常にあなたは期待されて見張られてしまうことになる。チキンレースなのよね。

一方で、アナタも周囲への期待を最小限にする必要があるわ。ストレスを受けるのは、期待されるほうだけじゃないの。期待する方もなのよ。たとえばね、アナタが他人に「こうしてほしいな」「こうなってほしいな」と期待したとする。

そうすると、「ちゃんと期待通りになっているか」をアナタも相手を見張ることになる。余分なエネルギーを使うことになるのよ。さらに「期待」っていつの間にかしていることが多いわ。「期待しよう」なんていちいち思わなくても、知らず知らずのうちにしている。これを避けるためには、何かストレスを感じたら「誰かに期待していないかな」と振り返る癖を作るといいわ。

自分もいずれ成長する。

Tomy's
Advice

世の中、何かに失敗したときに「なんでこんなこともできないの」と自分を責める人は、生きづらいと思うのよね。何かにトライしている以上は思うようにいかないこともあるわけで、そのたびに自分を責めていたらキリがない。

とは言え、「失敗なんか気にしない」なんていきなり考え方を変えるのも難しいでしょう。全く気にしない気にしないのも成長がないように思えるでしょうしね。

ちなみにアテクシはあまり「失敗」という概念がない人なのよ。でも若いときはそうでもなかった。「ああ、今回失敗しちゃったらどうしよう」って普通に考えていたわ。でもねえ、いい感じに年を取って、理解しちゃったの。「人生はずっと続いていく」ということに。あるイベントを失敗しても成功しても、どうせその先がある。たとえば中間テストでいい点とれなくても期末テストも実力テストもある。そのときいい点がとれたとしても、次の試験のころにはどうでもいいことになっている。

これが若いころは「次のテストで失敗するわけにはいかない」だったけれど、年を取ったら「上手くいったほうだから嬉しいけど、上手くいかなくてもくよくよしなくていい」と気が付くわけです。

まじめに取り組んで、何かを学んでいけばそれでいい。テストに限らず何事もそう。その場でいい結果が出なくても、長い流れの中でつながっていく。

上手くいかなかったときや「今回失敗してはいけない」と緊張してしまうときは、「自分もいずれ成長する」と考えるのが一番だと思うのよ。そう、今は上手くできなかった。でも、人間は必ず成長する。今回上手くできなかったことが悔しいのなら、いつかはできるようになる。だって、悔しいって思えているから。

そう、人は必ず成長していくし、あなたも成長していく。だから自分を責めなくたってちゃんとできるようになっていくはず。成長のスピードには個人差があるけど、ずっとこのままということはない。

そう思うだけで、ずいぶんとラクに生きられるんじゃないかしらね。

全部見通そうとすると、
疲れるし可能性も狭まるわ。

Tomy's
Advice

いるでしょう？　全ての先行きを見届けて計画しないと気が済まない人。仕事で上司からそう言われたのなら仕方がない。でも自分の生き方でその方針を貫く必要は全くないわ。

先々を見通すというのは、一見いいことのように見える。でもやりすぎは禁物。なぜなら、世の中には無限の可能性と選択肢があって、そして状況は変化していくから。先々を見通すということは、一見見通しを良くしているようで「こうなるに違いない」と視野を狭めることにつながりかねないのよ。そうすると、予想外のことが起きたときに、対応が出来なくなってしまう。

また先々を見通すということは、その通りに事が運んでいるかどうか、いちいち気にすることになる。それは長期的に不安やストレスを抱えにいっているようなものよ。

アテクシも昔は、先々まで見通そうとする傾向が強かったのよね。言い方を変えれば自分の人生に起こることを全部コントロールしようとしていた。そうすると、自分の行く先を全部計画することになって、気が休まらない。でもそのうち気が付いたのよ。絶対に見通せないような思いもよらない「事件」が人生ではたびたび起こるということに。

気が付いたら、見通そうとするの、やめたわ。計画や夢もあるけど、コントロールするために持つのではない。楽しみや原動力として持つだけ。

そうね、旅行に似ているかしら。全てをスケジューリングして、やることを決めた旅行って楽しいと思う？　きっとうまく遂行できるかどうかだけが気になって、仕事みたいになっちゃう。

大雑把に決めて、あとは気ままに動くほうが新しい発見もあるし、きっと楽しいはず。人生も旅行みたいなもんよ。

極端にいえば「その日暮らし」ぐらいが一番いいかもしれない。毎日毎日、その日のことだけを考えて、起きたときに起きたことを考えるようにする。それぐらいでちょうどいいの。実際そんなマイペースな人もいるでしょ。でも、それが原因でとんでもない人生になっている人なんていないでしょ。

正論が正解じゃないのよ。

Tomy's Advice

正論と正解って似ているようで違うのよ。正論は、その中では理屈が通っている。でもアナタの現実にとって正解ではないかもしれない。そこの違い。

この区別ができていないと、迷いが多くなるの。何かを判断し、決定するとき、自分の経験や価値観に従って決めているはずだわ。

もちろん、それが正論と同じなら葛藤することはない。でも世の中そんな単純じゃないから、正論と自分の正解が違うなんてことざらにある。

たとえばね、「仕事で公私混同してはいけない」。これは完全に正論よ。仕事の判断は純粋に仕事の理屈の中で行うべき。もしそこに私情が入ってしまったら、正しい決断と行動ができなくなる。だから公私混同はすべきではない。

でも世の中には、プライベートのパートナーと仕事をしている人もいる。それで上手くいっている人もいる。

正論としては公私混同はしていけないけれど、「この人となら仕事もうまくやっていけるだろう」と自分の経験や感覚に従って一緒に仕事をするのなら、それでいい。自分で責任を持って決めたことならそれでいい。

基本的に正論というのはアナタの事情を知らない他人が、持ち込んでくるということなのよ。アナタの事情も知らず、アナタの責任を取るわけもない人が、正論を振りかざしてくる。しかもそういう人に限って、非難してくることも多い。そんなときに、正論と正解は違うと思っていれば、動揺することもなく決断に自信が持てる。

つまりこの考え方は、自分軸の話でもあるわけね。

あきらめるのも良いことよ。

Tomy's Advice

ラクに生きられる人は、あきらめ上手。あきらめるということも、一つの選択肢。決して逃げだとか妥協だとか思っていない。だから、必要ないときはさらっとあきらめる。

よくよく考えてみると、あきらめるって「手放す」ことなのよ。実質ほぼ同じこと。それなのに「あきらめる」は何となく悪いことで、「手放す」は何となく良いことだと思っている人は多いんじゃないかしら。

アテクシも子供時代を振り返ってみると、学校の先生も、塾の先生もよく「あきらめるんじゃない」と言っていたわ。そう、基本的に「あきらめるな、がんばれ」は教育されて刷り込まれているのよね。でも、これって不思議じゃない？

確かにあきらめないことも大事かもしれないけれど、いつでもどこでも「あきらめない」では上手くいかないと思うの。

だって誰だって調子が悪いときもあるし、苦手なこともある。あきらめて違うことに注力したり、他人にお任せしたりしたほうが良いこともある。「あきらめる」も、「あきらめない」もケースバイケースなのよね。

だから、必要ないことをあきらめるのは良いこと。自分の限られたエネルギーや時間を、本当に大切なことに向けるわけだから。どちらかというと、大切なのは「自分の判断であきらめるかどうか決める」こと。

赤の他人から「あきらめるな」なんて押し付けられる筋合いは全くないのよ。

ラクに生きられる人は、そのあたりをよくわかっている。「あきらめるな」と言われても、自分に必要のない言葉なら、ヒラリとかわしていけるのよ。

自分の意志を尊重する。

Tomy's
Advice

周りや環境に従って流されるように生きる。これは逆に不安やストレスが大きくなるわ。なぜかというと、常に周りに翻弄されて生きることになるから。自分の力で生きている感覚がなくなってしまうからなのよね。

振り返ってみると、アテクシは幼少期から青年にかけて、こんな生き方をしてきたわ。その頃は「どう生きるべきか」なんて考えたこともない。親や教師など周りの大人の「こうすべき」に素直に従って生きるしかないし、それがいいのだと思っていた。

多分この時期はこれでいいのよ。だって自分の意志とかまだよくわからないから。でも途中で気づいてくる。そういうスタンスだと、不安なことが起きないか常に見張りながら生きることになる。「他人と過去は変えられない」というけれど、その変えられない「他人」の様子を伺いながら生きることになるんです。そんな生き方はラクじゃないに決まっているわ。

最初はレールに乗って生きたほうがいいけれど、途中からは車に乗り換えて走るほうがいい。それを感じたのは、自分がゲイだと自覚したとき。それまで周りの大人が敷いたレールは、女性と恋愛し、結婚し、家庭を持って子供を育てること。自分がゲイだと自覚したら、じゃあここからどうするのって悩む羽目になっちゃった。今でこそ、「自分らしく」「多様な生き方」なんて言うけれど、当時はまだまだそれを貫く人は珍しかった。

結局アテクシはそこからやり方を変えざるを得なくなったし、それで良かった。変えられない他人ではなく、変えられる「自分と現在、未来」をベースに生きていく。自分がどうしたいかを考え、それに向けて自分を操縦していく。

そう、これはまた「自分軸」にもつながる話です。こうしていけば、生きることは自分の目標に向かって進むことになり、世界を探検して生きることができる。

周りの変えられない状況は、あくまで環境や判断材料になるだけ。決して自分の生き方を周囲や世間に乗っ取られずに済むというわけです。こう考えるだけで、「何か嫌なことが起きないといいなあ」という日々から「今日は何ができるかな」というワクワクした日々に変えることもできるというわけね。

ちなみに自分の意志を尊重するということは、決してわがままではありません。わがままというのは、相手に迷惑をかけて自分の我を通すこと。自分がどう生きるかというのは、アナタのもの。それが誰かの迷惑になるわけではありません。

自分の生きたいように生きていい。

「でも」という前に考える。

Tomy's Advice

どんな話をしても「でも」と否定から始まる人がいるわ。それって生きづらいやり方だなあと思うの。精神分析の考え方に「防衛機制」というものがあるわ。

人間の心はデリケートにできている。現実は容赦がないから、現実をそのまま受け入れると、心がついていかないときがある。そんなときは自分の心に加工をする。それを防衛機制というの。

防衛機制には、理想的な方法から、未熟な方法まで多くの種類がある。「でも」をよく多用する人は、否定が防衛機制になっている。相手の言うことをそのまま受け入れてしまうと辛いから、「でも」という癖がついている。そんな人は、何かアドバイスしても「でもそういうわけにはいかない」と否定してしまう傾向にあるわ。ラクに生きられる人は、いいアイデアを教えてもらったら、自分に取り入れられるように工夫する。

別にアドバイスされたことを100パーセント取り入れる必要なんてない。ただ、アドバイスされた方針に従って、ちょっとやり方を変えてみる。それだけでもだいぶ違うものになると思うのよ。

たとえば「苦手な人から離れなさい」というアドバイスがあったとします。生きづらい人は「でも家族だから離れるわけにはいかない」と言ったりします。

確かに100パーセント縁を切ることはできないわ。でも一緒に住んでいても生活時間をずらす方法もある。同じ部屋にいないようにすることもできる。電話する回数を減らすこともできるし、すぐに電話を取らない方法もある。

ちょっとでも実行できる方法はあるから、試行錯誤してみればいいのよ。

「でも」で自分が変わるきっかけを無駄にしてしまうのは本当にもったいない。

自分の好きなものを
たくさん用意しておく。

Tomy's
Advice

人生っていろいろな時期があるわ。その中で楽しいときもあれば、辛いときもある。辛いときが長く続くときもある。だからこそ、辛いときは、すぐに自分の心を助けられる手段がたくさんあったほうがいいわ。「今すぐなんとかこの辛さを助けたい」と思っても、すぐに使えない手段もある。

どれだけ素敵な友達がいても、四六時中連絡がつくわけじゃない。どれだけ旅行が自分を癒やしてくれるとしても、すぐに行けるわけじゃない。だからラクに生きるためには、自分の好きなものがたくさんあるといいわ。モノや食べ物、趣味、好きな人間。好きなものがたくさんある人は、自分の機嫌をとる方法をたくさん持っているのと同じこと。つまりリスクヘッジよね。

アテクシはわりと好きなものが多い。だから、自分の機嫌はそれなりにとれるつもり。では、どうしたら自分の好きなものを増やせるかというと、コツコツ増やすのが一番いいと思うわ。

食べ物の好みと同じなのよ。ずっと同じものしか食べなくて、偏食がひどいと好きな食べ物は全然増えていかない。でも、少しずついろんなものにトライして、好みのものを覚えていくといつの間にか好物は増えていく。

これと同じで、少しずついろんなことにトライしてみて、好きなものを覚えていく。好みができたら、バリエーションを増やしてより自分の機嫌がよくなるものを探求していく。

突然自分の好きなものがたくさんできることはないから、毎日意識して新しいことに取り組むのが大切なのよね。人間が使える時間は限られているから、好きなものに時間を使えば、好きじゃないものに使う時間は自然と減っていく。そして、好きなものが多ければ、その状況に応じて使える方法も増えていく。

お金がなくても楽しめるもの。時間がなくても楽しめるもの。寂しいとき、苦しいとき、泣きたいときに最適なもの。好きなものをたくさん作るのは、自分の味方をたくさん作るのと同じなの。

明日できることは、
明日でいい。

Tomy's
Advice

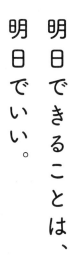

「今日できることは明日に回すな」ってよく言われるわよね。これは締め切りのあるビジネスや受験勉強においては正しいと思うの。やるべきことは決まっているし、より沢山準備できたほうが上手くいく。なんとなく先に延ばしているとそれが積み重なって大きな違いになる。だからなるべく後回しにしないという考え方。

アテクシは、進学校で育った。だから学校の先生も、塾の先生も「今日できることは明日に回すな」でやってきたの。でも受験も終わって、大学に進み、医師になったときにふと思った。

今日できることは全部今日のうちにやると、一日が終わらない。それに、これからは社会人としての毎日が続く。「何のために今日中に終わらせるのか」よくわからなくなったわ。

そのあとプライベートも仕事も大きな出来事が同時に重なって、アテクシのやらなきゃいけないことがたくさんできた。しかも、すぐにはこの事態は落ち着かない。先が読めない中、この多忙さを続けなきゃいけない。それでふと気が付いたの。

「明日できることは、明日でいい」

何事も後回しにしないで進めると、またやらなければいけないことが出てくる。どんどん気になって毎日がやることだらけになってしまう。まるでずっとダッシュしているようなおぼつかない人生になる。

だから、自分のペースを保つことを大切にしたわ。どんなにやることがあったとしても、例えば一日に3個だけ進める。よっぽど特別な状況じゃなければ、常に3個だけ。

そうすると、どんなに大変な時期でもゆとりの時間が生まれる。少しでもぼーっとしたり、ひなたぼっこしたり、お散歩したりする時間。そのためには、明日できることは明日でいい。

お願いごとは、
基本は全部ＮＯ。

Tomy's
Advice

お願いごとをされたとき、やりたくないのに引き受けてしまう人がいるわ。でもそれは凄くもったいないこと。相手に嫌われたくないから、なんとなくNOと言えないからで引き受けてしまうと、その人は次もお願いごとを持ってくる。

さらにやっかいなことに、次は「お願いごとは引き受けてくれるだろう」と期待して持ってくる。こうなるとNOを言うと相手が憤慨するリスクは上がっちゃう。

そしてさらに我慢して引き受けると、相手はもっともっとお願いごとを持ってくる。当然のようにアナタが引き受けてくれるという前提で。どんどん断りづらくなる。

限界が来た時にもし断ると、相手は逆切れするリスクだってある。これは、アナタが最初に引き受けた時点から見えている結果なの。だから、最初に断る。それがお互いの関係にとっても良いこと。

お願いごとをされたら、それがどんな内容であってもやりたくなければ全部NO。それぐらいでちょうどいい。まともな相手なら、相手が嫌がりそうなお願いごとなんて最初からしてこない。それで切れる縁なら切れたほうがいい。ただ、あなたが「この人の役に立ちたい」と思ったのならそれは別よ。自分の意志があれば、それはお願いごとじゃない。

自分の気持ちに、嘘をつかない。

Tomy's Advice

ラクに生きられる人は自分の気持ちに嘘をつかない。自分の心の声をまず聴いてみて、それを否定しないような方法で物事を対処するわ。ただこれは案外難しい。

というのも人間の心は、安易に正当化する癖がある。たとえば本当はやりたくないのにうっかり引き受けてしまったとき。「やりたくない」気持ちをそのまま認めてしまうとやりきれない。だから「本当はやりたかった」「やりたくないわけではない」「やるべきだった」などと自分の気持ちを微妙にすり替えようとする。

でもこれはいずれ破綻する。やりたくない気持ちをちゃんと認めないと、次からも同じ失敗を繰り返してしまう。「それはやりたくないから結構です」という力を奪ってしまう。自分の気持ちを素直に聴けないと、最終的には大きな負担が発生するのよ。

ラクな生き方の
大きなヒントは「自分軸」。
でもこれって
わがままじゃないのよ。

Tomy's Advice

ラクに生きられる人、気にしない力を持っている人。こういった人は「自分軸」をしっかり持っている人なのよ。コマをイメージしてみるといいわ。コマの中心がしっかりしていてぶれなければ、ちょっと何かにぶつかっても跳ね飛ばせる。安定して回転していられる。

でもこれが安定せずに揺れ動いていれば、些細な障害物でも止まってしまう。これと同じことが人生でも起きるというわけです。

でも、「自分軸をしっかり持ちましょう」と提案すると、こう疑問に思う人がいるのも確かです。

「それってわがままとは違うの?」

もちろんわがままとは全く違います。その話をする前に、まずは自分軸について考えてみましょう。自分軸という言葉は、特に医学的に定義されたものではないわ。なのでここでは「こういうときは私はこうする」という信念や自分らしさを「自分軸」と呼ぶことにしましょう。

では、自分の信念や自分らしさを持つということはわがままなのかしら?

全く違うわよね。わがままというのは、相手のことを考えず、自分を押し付けること。

相手への配慮や思いやりがあれば、自分らしさや自分の信念を貫き通してもわがままにはなりえないのよ。

「普通」や「常識」を恐れない。

Tomy's Advice

ラクに生きるためには、「普通」や「常識」と言われても気にしないことね。そもそも「普通」や「常識」という言葉は相手をコントロールするためにしか使われない言葉なのよ。

ちゃんと説明できないから「普通〇〇だよ」「それは常識だよね」と言って相手の行動をコントロールしようとするの。ただこの言葉が通用するのは、「えっ、これって普通じゃないの?」「私は非常識なの?」と思うと不安になる人だけなのよ。

ラクに生きるためには、誰かがこんな言葉を使ったら「ああ、この人は私をコントロールしようとしているな」と気づいて切り離すこと。ちゃんとアナタのことを考えている人なら、そんなアドバイスはしないはずよ。

なぜアナタの行動が良くないのか、理由を示して言ってくれるはず。「普通」や「常識」は、不安や恐怖を使ってアナタの行動を変えようとしていることに気が付いて。

そして普通や常識を恐れないためにはやはり「自分軸」。自分の価値観や方針を持つことも大切よ。

第4章

それでも気になるときのセルフケア

ここまで、様々なタイプの「気になる」についてアドバイスをしてきました。また、そもそも「気持ちがラクになる」方法についても考えてきました。

でも、そこまでやっても気になるときは気になってしまいます。一旦気になり始めたら、どう回復していくのか、それをこの章では考えていきましょう。「気になる」は怪我のようなものです。対策や予防だけでなく、ケアする方法もあればさらに上手く対応できるわ。

①「気になる」を予防する

一回「気になる」となかなか対策が難しいことも。予《あらかじ》め気になることの芽を摘んでおくことも大事なのよね。

そこで、自分にとって「気になりそうなこと」を把握しましょ。

STEP1

一番最近で気になったこと、あるいは今気になっていることから書き出してみます。

・例　仕事上で、ちょっとミスをしたときに同僚のAさんから強くなじられた。それが気になる。

STEP2　その気になったことをよく考えてみて、もっと普遍的な「気になる」状況に書き換えてみます。

「誰かを怒らせると気になる」

STEP3　自分が気になる状況が明らかになったら、それを予防する方法を考えてみます。

「怒らせたら、ひたすら謝る」
「あまり怒らない人と一緒にいるようにする」
「ミスを減らす」
「職場を変える」

あとはこれを繰り返すだけ。自分なりの予防策がどんどんできてくると思うわ。

②「気になる」のレベルを把握する

「気になる」のレベルを把握しておくことも大切。これは「気になる」ときに、自分にとってどれだけのダメージがあるか把握しておくことよ。これにより、「気になる」が起こすキリがない不安から解放されるわ。気になるシチュエーションは①で明らかになっているので、それぞれについて自分がどれぐらい気になるかを分析するのよ。

具体的には、最高に気になる状態を100点として採点してみましょ。

特定の上司に怒られる(30点)
靴下が片方見つからない(20点)
仕事で大きなミスをする(60点)

③別のことに取り掛かる

「気になる」というのは相対的なものなのよ。だから、より大きな「気になる」ことが出てくると今までのことは気になりにくくなる。

それを利用して、新しいポジティブなことに取り掛かるのも良い対策だわ。新しいポジティブなことなら「気になる」ことも楽しめるもの。

たとえば、旅行の予定だとか、違う新しい仕事とかね。将来の希望や夢について意図的に気にしてみる。そうすると嫌な「気になる」を追い出せるというわけよ。

気になっていても、
先に行動する。

Tomy's
Advice

「気になる」から手っ取り早く開放される方法は、まず行動を変えることよ。「気になる」が落ち着いてから次の行動をしようとする人が多いけれど、それは間違い。むしろ「気になる」をわざわざ優先させているようなものだわ。

人間は気持ちだけを落ち着かせるようにはできていないのよ。それに、気持ちというのは気まぐれで、コントロールがなかなかできないもの。なので、「気持ち」を落ち着かせてから行動するのは難しいの。

だから、先に行動する。買い物に行けば何を買うか自然と考えるし、仕事に戻れば自然と仕事の内容について考えるでしょ。

この方法を応用することもできるわ。決まった動作を、気持ちを切り替えるための儀式として設定してしまうという方法よ。

たとえば「ハカ」ってご存じかしら？　これはラグビーの試合の前にニュージーランド代表のチームが行う儀式の踊りよ（元々はニュージーランドの先住民が戦いや儀式のときに披露する伝統的な踊りよ）。それによって気持ちを切り替えて、気合いを入れる意味合いがあるのよね。自分なりの「ハカ」を気持ちを切り替えるために作りましょうというお話ね。

たとえばシャワーを浴びる、顔を洗う、背伸びをする、ストレッチをする。人前に出る前に、掌に「人」の文字を書いて飲む動作というのも、この方法でしょう。

これは行動によって気持ちを切り替える効果と「これをすれば気持ちが切り替わる」と思い込むことで、効果を出す暗示の効果を両方用いているわ。行動は何でもいいから、自分なりの「ハカ」を作ってみましょ。

モヤモヤした状態が
耐えられない人こそ、
スケジューリングよ。

Tomy's
Advice

いったん「気になる」とそれを解消しようと早く動き、さらに「気になる」人がいます。でもこういうタイプの人は「気になる」状態が長引いてしまうわ。

たとえば大切な郵便物が来るかどうか気になるのなら、「絶対に郵便物が来ているはずの時間」まで気にしないのが一番いい。でも、待てない人は来るはずのない時間から気にしてしまうのよね。

これを防ぐためには「スケジューリング」が大切よ。たとえば、郵便物の確認が必要なら、3日後に確認をすればいい。そのとき3日後のスケジュールに「郵便物を確認する」と書く。そうすると、そのことはいったん「気になる」から追い出せるわ。

こういった感じで、どんどん「気にするべき日」に「気にできる」ようスケジュール帳に書いていきます。そして当日はそこに書かれたことだけをするようにします。

スケジューリングの効果は、今気にする必要のあることだけをリストアップできることよ。

5W1Hで気になることを分解してみる。

Tomy's Advice

「気になる」の多くは短期的なものだけど、特に長期にわたり続くものがあるわ。この場合は、気になるだけではなくて、実際に対処すべき問題が潜んでいる可能性があります。

対処すべき問題があるけど、はっきり認識できていないとき「なんだかモヤモヤ気になる」という形で心に残るのよ。「気になる」が長引けば長引くほど、そこに改善できる問題が潜んでいないか考える必要があるわ。

では、長引く「気になる」にはどう対応するのがいいか。まず大切なことは、「言語化する」作業ね。具体的に「何が気になる」のか書き出すのよ。いわゆる「5W1H」で書き出すのがおすすめです。

たとえば、パートナーと一緒にいると何かモヤっと「気になる」が続くとき、ここで5W1Hの出番ね。「When：いつ」「Where：どこで」「Who：誰が」「What：何を」「Why：なぜ」と「How：どのようにして」。

これを気になるときの状況を思い出しながら書き出していきましょう。

まず、「When」。パートナーといるとき。もうちょっと具体的なほうがいいわね。たとえばパートナーが夜出かけていて、帰りを待つとき。次に「Where」。

これは同居している家の中です。「Who」は「私」が。続いて「What」。パートナーがいつ帰るかわからないことが気になる。そしてWhy。それは自分がいつ眠れるかわからないから。「How」は、時間を何度も確認しながらそわそわと落ち着かない。

いかがかしら？　さっきまではっきりしなかった「気になる」がだいぶ見えてきたわ。

「パートナーが出かけていて、夜帰りを待つとき、いつ帰るかわからず、自分がいつ眠れるかわからないので、時間を何度も確認しながらそわそわと落ち着かない」

これがあなたの「気になる」の正体だというわけね。こうすると対策方法も自然と見えてくるわ。たとえば、

・門限を決める
・先に寝ることにする

など。この内容をパートナーと話し合ってルールを決めれば「気になる」が解決するというわけよ。

「最悪の場合こうしよう」
というシミュレーションは
有効よ。

Tomy's
Advice

ちょっとしたことで最悪のことを考えて気になる人って結構多いと思います。かくいうアテクシもそうです。これは、「リスクの評価が正しくできていない」から起きるの。

リスクを多少過剰に評価するのは特に問題はないわ。何か大事になる前に発見し、対処することは必要な過程よ。

でも、あまり過剰だと、不安で何もかもできず、居ても立ってもいられないようになってしまう。これを予防するために、人はリスクを無視する能力も持っているわ。

この二つがバランスよく保てていればいいけれど、本人の性格傾向や体調、環境など何らかの理由でこれが崩れてしまう。すると心配ごとが頭から離れず辛いということになるわけなのね。

これを防ぐためには

- **リスクの客観的評価**
- **他人からの意見**
- **最悪の事態への対処**

が大切なの。

では、それぞれについて見ていきましょ。まず、リスクの客観評価。これは必殺技とも言える「書き出すこと」が解決方法よ。まず気になっていることは何かを書き出し、次に「恐れている最悪の事態」がどれぐらいの確率で起きるのか、他の顛末《てんまつ》には何があるのか、そしてその可能性がどれぐらいあるのかについて書き出してみる。

自分の感覚でも構わないわ。これにより、自分が気になっていること、不安の正体の輪郭を知ることができる。それだけでもだいぶラクになるわよ。

さらに、他人からの意見も大切。勇気を出していろんな人に、「今こんな風になったらどうしようとか考えちゃって」と言った具合に聞いてみて。「大丈夫だよ」と他人が言ってくれるだけでも、だいぶ気持ちがマシになるわ。こういう過剰な「気になる」は一人でどんどん視野が狭くなってる場合が多いので、他人からの生の意見で我に返ることもできる。

そして、最悪な事態への具体的な対処も有効よ。「最悪の場合こうしよう」というシミュレーションをしておく。これは逆効果にも見えるかもしれないけど、「最悪のことにはならないけれど、なったとしてもこうすればいいや」というスタンスを作るの。

気になることを
打ち消すアクションを
とってみる。

Tomy's
Advice

記憶というのは常に書き換わるわ。最近に起きたことや、影響の大きいことほど記憶の中での優先順位は高くなる。それを逆手にとって、記憶の中での優先順位を入れ替えることで、「気になる」ダメージを減らすことが可能よ。具体的には、「気になる」を打ち消すようなアクションをとる。

たとえば、「ある人からLINEが返ってこない」ということなら、他のすぐLINEが返ってくる人とやりとりをする。もしそれでもダメージが減らなさそうなら、複数とやりとりする。

ただこの方法で、気を付けるべき点があるわ。それは同じ「気になる」ことのためにアクションをとらないということです。なぜかというと、逆に「気になる」を大きくしてしまう可能性があるからよ。

例を挙げてみるわね。「LINEの返事がこない」ということが気になって、さらにもう一度LINEを送ってしまったらどうなるかしら。相手はきっと今すぐLINEが返せない状況よね。だからもう一度送ってもすぐには返ってこない。またもし返ってきたとしても、LINEを連続で送ることになる。「あぁ、連続でLINE送っちゃった、しつこいと思われないだろうか」ときっと気になるでしょう。

つまり、同種の「気になる」ことでアクションを繰り返すと、余計ひどくなりやすいのよ。少し内容が違うことでアクションをとりましょ。

自分の「気になる」を把握する。

Tomy's Advice

自分が「どれぐらい気になっているのか」それを把握することが対策の第一歩よ。その方法について詳しく考えてみましょう。

簡単に言うと、

「今その問題が目の前にないときも、気になるかどうか」

というのが一つの目安ね。

程度が軽ければ、別にやることがあれば忘れてしまうわ。それがややひどくなると、ぼーっとした時間があると「気になる」状態になります。

さらにひどくなると目の前にやることがあるのに、気になって集中できないという状況が起きます。このレベルになると、寝る前にも頭の中を占めてなかなか寝付けない、ということも起きうるわ。

不眠や気分の落ち込み、食欲の低下につながることもあり、そこまでいけば精神科受診も必要よ。

時間・場所・外部を使って切り離す。

Tomy's Advice

「気になる」から解放されるためには、様々なスキルを使い分けられるほうがいいと思うわ。なぜなら、「気になる」はかなりしつこい現象だからです。その一つとして「切り離す」があります。ここでは「切り離す」について考えてみたいと思うわ。

まず直接「気になる」から自分を切り離す方法について考えてみましょう。

大きく次の3つの方法があるわ。

- **時間、分量による切り離し**
- **場所による切り離し**
- **外部による切り離し**

です。

まず、時間、分量による切り離し方について考えていきましょう。これは自分のスケジュールを管理して、「気になることは○時まで考える」と決めてしまう方法よ。

つまり、ある時間になったら「気になる」を打ち切るの。「気になる」ことだけではなく、普段から全て自分を時間で打ち切る、切り替えるようにしてお

く と効果的ね。

また分量による切り離し方法もあるわ。これは、「〇〇までどうするか決めたら打ち切る」という方法よ。

それに「場所」による切り離し方もあるわ。これは「気にする」場所を決めてしまうという方法です。

たとえば仕事のことは職場にいるときだけ考える。勉強のことは机に向かったときだけ考える。家族のことは家にいるときだけ考える。場所と「気になる」をリンクさせるというわけね。場所から離れるときは、気になることもその場に置いておく。

最後に「外部による切り離し」をご紹介しておくわ。これは「気になる」をTo doリストやスケジュール、メモなどに片っ端から放り込んで、必要なときに思い出せるシステムを作っておく方法ね。「気になる」が心に浮かんだら外部に放り込み、頭の中から取り除く。

どの方法も最初はすぐにできないかもしれない。でも習慣化させることで、いつのまにか「気になる」が減っていきます。

他人と自分を切り離す。

Tomy's
Advice

次に、「気になる」から直接自分を切り離すのではなく、他人と自分を切り離すことで「気になる」から解放される方法について考えてみるわ。

「気になる」人の中には、「自分の問題と他人の問題をごっちゃに考えて気になり続ける」というタイプの人がいるの。

こういう人が抱えている問題は次のものがあります。

・問題を整理できない

自分の悩みや問題点を言語化するのが苦手で、何か問題が大きくなるとわけもわからずに「テンパる」人です。この問題は、自分の問題を書き出して、整理し、自分が対処すべき「気になる」を選別することで改善するわ。

・距離の近すぎる人がいる

周りに過干渉な人がいたり、依存してくる人がいたり、距離の近すぎる人がいると他人の問題と自分の問題がごっちゃになる。この場合は、その人との物理的、心理的、時間的距離を遠ざけることで改善します。

・自分と世間体を切り離す

自分を世間体や常識と比較して、どんどん「気になる」を増やしていくタイプの人ね。解決方法はシンプルですが、実行するのは難しいかもしれません。それは「自分なりの価値観を持つ」ことよ。

その方法について考えてみたいと思います。

・自分の人生にとって大切なものの優先順位をつける

自分の人生で大切にしたいもの。親、友達、お金、ライフスタイル、一般的な常識とかけ離れていてもかまいません。それを書き出して、優先順位をつけてみてください。

優先順位は、できればしっかりと1位、2位と決められるといいと思うわ。それが難しいときは、おおざっぱに優先度の高いグループ、低いグループにわけるぐらいでも構いません。

自分にとって重要なものを書き出す、順位をつける。ただそれだけのことでも、自分の価値観を明確に意識化する効果があるわ。

第5章

自分を少し変えたいあなたへ

SNSは気になることだらけ。
時間を減らすだけでも違うわ。

Tomy's
Advice

実はスマホというのは「気になる」の宝庫なのよ。「気になる」を具現化したものといってもいいぐらいね。スマホの使い道を考えるとわかると思うわ。

たとえば「気になる」からSNSを見る。

「気になる」からLINEや着信を確認する。

「気になる」から検索してみる。

スマホのなかった時代、SNSも普及していなかった。SNSを使うにはパソコンのある場所に行く必要があった。パソコンを立ち上げる必要があった。もっと前はSNS自体がなかったわ。

そんな時代、何かについて気になっても、手軽に調べられなかったのよ。「気になる」にすぐ対応したいときには、あきらめるしかなかったの。これは、自動的に物理的、時間的に「気になる」を切り離すことができていたのね。

逆に言えば、スマホを手元に置くのは、「気になる」とつながりにいっているの。そういう意味で、スマホから離れる「デジタルデトックス」は理に適っているわね。

別にスマホをやめる必要はないけど、手にする時間を減らすだけでもだいぶ違うわ。たとえば、「スマホを確認する時間を一日3回にする」と決めてしまうとかね。最初は少し不便に感じても、そのうちそれで回るようになるわよ。スマホがない時代でも世の中は問題なく回っていたわけですからね。

あえて「頭がお暇な時間」を作るのもありよ。

Tomy's Advice

自分の好きなものはあるのに、それがわからなくなることってあるのよね。特に毎日目の前のやることに忙殺されていると、こうなりがちよ。

こういう場合は、意識的にとりとめのないことを考える時間を作るのがお勧め。「頭がお暇な時間」をわざと作るのよ。本来自然と訪れる「頭がお暇な時間」はあまりいいことにつながりません。不安や寂しさなど、ネガティブなことを感じやすいからです。今回提案するのはそうではなく、意図的に「頭をお暇にする時間」を作るのです。中国の故事に「三上《さんじょう》」というのがあります。これは、文章を考えるのに最も都合が良いとされている三つの場面は、馬に乗っているとき、寝床に入っているとき、便所に入っているときだというものです。

これは、「頭をお暇にする時間」を意図的に作っていることに他なりません。それにより、自分の好きなことを思い出したり、計画を立てることができるのよ。

言いたいのに言えない、これって本当かしら？

Tomy's Advice

言いたいことが言い返せないのって、自分の問題だとは限らないのよ。たとえば、こんなパターンがあるわ。

・言いたいことを言う勇気がない
・言いたいことを言うと悪いことになりそうで言えない
・言いたいことを言っても理解してもらえない
・言いたいことを言っても結局押し切られる

前半2つは自分自身の問題で、後半2つは相手の問題です。つまり「言いたいことが言えない」というのは、自分と相手との関係性の中で出てくる悩みなのです。

それぞれについて見ていきましょう。

・言いたいことを言う勇気がない

これは単純に「慣れ」の問題よ。普段から自分が言い慣れていないから言えないのよ。普段から小さなことでも「言いたいことを言う」ようにしましょ。

他愛のないことや、気心知れた相手に言うのでも構いません。

・言いたいことを言うと悪いことになりそうで言えない

まず、あなたにとっての「悪いこと」について知ることが大切ね。たとえば「人に嫌われるんじゃないか」とか「空気を悪くするんじゃないか」とか様々だと思います。定番の方法だけど、書き出してみて、本当にそうなるのかよく考えてみて。

・言いたいことを言ってても理解してもらえない、押し切られる

これには2つの対策方法があるわ。一つは理解してもらえるよう工夫する。もう一つはあきらめることです。理解してもらえるよう工夫するというのは、自分の言いたいことを簡潔にすること。相手に伝わるように言うことです。意外とこれができていなかったりするのよね。

またあきらめるのも意外と大切。よくよく考えたら、別に伝えなくてもいいよねってこともあるわ。いつの間にか自分のこだわりになっているだけってことがね。伝えてどうなるのか、その先がない相手なら「あきらめる」。

他人の人生は生きられないわ。
比べるより自分に置き換えて。

Tomy's Advice

友達や周りと比較して「気になる」という人はわりと多いわね。こういう人は、「他人と自分とでは土俵が異なる」という意識が弱いです。他人の人生は生きられないから、比較するのはナンセンスなのよ。むしろ自分と他人で同じことなど何一つないぐらいだわ。

なぜそれが「気になる」のかしら。それは人は共通点を探したがるものだからです。同じ環境で働いていたり、同世代だったり、何らかの共通点をね。本来人生に基準なんかないけれど、それだと不安だから他人と共通点を探して比較してしまう。でもそれをやっちゃうと、他人を気にし続ける人生になってしまうわ。

ではどうすればいいでしょう。一つの方法は、自分の問題に置き換えること。

たとえば、他人の生活レベルが気になるのなら、自分の生活レベルをどうしたいか変える目標にする。たとえば「他人の外食の多さが気になる」のなら、自分の外食を増やせるように見直してみる。

もし、冷静に考えてみて自分には大して必要ではないと気付くこともあるで

しょう。たとえば、

「私は他人が外食ばかりしているのが気になるけれども、よくよく考えれば本を買うのにお金を使っているからだし、仕事のバランスも今がちょうどいい。それに比べたら外食はそこまでしたいわけじゃない」

といった具合に。それならそれで、きっと自分の状況に納得して「気になる」も軽減されるはずだわ。

大切なのは自己愛。
健全な自己愛は
育てていけるわ。

Tomy's
Advice

「自己愛」ということのは、「自己愛」なの。

「気になる」を解決するキーとして大変重要なのは、「自己愛」なの。
「自己愛」というと、自分のことを何かとアピールしたり、鏡を見て髪をかき上げているようなイメージがあるけれど、それは本来の自己愛ではないわ。

本来の自己愛は、「自分がそのままでいいんだ」と認められることよ。これがないと、自分がどう思われているか気になり、本来の自分の気持ちがわからなくなる。世間体を気にしたり、周囲と比較したりするのも、それが原因なのよ。

本来の自己愛を持っていない人は、「評価されないと自分には価値がない」「誰かの役に立たなければ、自分は愛されない」と思っていることが多い。実は冒頭で述べた「自分のことを何かとアピールする人」「自分の顔を鏡でしょっちゅう見て髪をかき上げる人」というのは、本来の自己愛とは真逆です。

では本来の自己愛はどうしたら持てるのかしら。実はそんなに簡単には得られないのよ。なぜかというと、自己愛は性格や幼少期の生い立ちなどが関わって出来上がってくるので、急には変えられないからです。

でもあきらめることはないわ。急には変えられなくても少しずつなら変えられる。たとえば、同窓会で久しぶりに会って、昔とはまるで性格が違うように感じる人もいるわよね？

「あれっ、この子、昔内向的だったのに、今はすごく社交的で明るい人になったなあ」

「あれ、この子、昔全然気が利かない、自己中なイメージだったけど、今すごく気を使って優しい感じ」

これは、本人が環境や自分の意志によって、少しずつ自分の性格や行動を変えた積み重ねなのよ。性格や性質も、玉ねぎの薄皮をはぐように、少しずつ少しずつ変えていくことは可能で、それと同様に健全な自己愛も育てていけるわ。

まずとっかかりとして、こんな方法を提案してみるわね。

何か選択肢があれば「どちらが好きか」を決めてみて。そして他人に自分の好き嫌いについて話したり、自分の意見で行動してみて。

本来の自己愛を持てていない人というのは、これすら苦手なの。自分の好みを言えず「あなたはどうしたい？」「どうしたらいい？」ということが多いわ。これは相手に配慮しているのではなく、自分の好き嫌いさえも自信がないのです。

でも自分の意見、好みというものに「正しい」も「間違っている」もないはず。まずは自分の好き嫌いを決め、表明し、自分の意見で行動する。こんなところから自己愛というのは少しずつ育てていけるわ。

不思議なもので
「叶わなくてもいい」と思うと、
願いから解放されるわ。

Tomy's
Advice

「気になる」が多い人は、「これがあれば満足」というものを持てていないことが多いわ。どうしたらそんな宝物が見つかるのかしら。

結論から言うと「これがあれば満足」というものは作り出すものではないのよ。持っているのならば、既にやっているはず。欲しいと願う時点で、「そんなものがない」とも言えるわけ。こういう場合は「願いごとのジレンマ」を解決することが大切です。これはアテクシが今考えた言葉なんだけどね。どういうことかと言うと、「願いごとをすればするほど、願いごとが気になって願いごとが得られなくなる」という現象です。

愛されたいと願えば願うほど、愛されなくなる。自分を肯定したいと思えば思うほど、肯定できなくなる。これも願いごとのジレンマです。これから解放されるには、たった一つ。「願いが叶わなくてもいいや」と開き直ることよ。今回の場合は、「これがあれば満足」というものがなくても良いと思うこと。ないものを無理に探せば、それは自分を苦しめる。焦らせる。そしてさらに満足できない人生を作ってしまうわ。わざわざ持とうとしなくてもいい。あればいいけど、なくてもいい。探すものでもないのよ。

失敗というものは、そもそも存在しないと考えてみる。

Tomy's Advice

失敗することが気になって、物事に集中できないタイプの人っていると思うわ。あまりひどくなると、失敗することを恐れて、何も始められなくなる。

これは性格的なものなので、簡単には変わらない。でも、少しずつなら変えていくことは可能です。その方法について見ていきたいと思うわ。

・失敗というものは、そもそも存在しないと考えてみる

失敗を恐れる人というのは、「ある瞬間に人は成功か失敗をして、そこで全てが決まる」というように考えていることが多いの。でも、ある瞬間に成功か失敗かが決まってしまい、それがすべてであるという考え方は間違っているわ。

たとえば、会社でちょっとした発表があったとしましょう。

この発表で、あれこれ上司から突っ込まれたとしても、それは「失敗」ではないわね。それを直して、次の発表につなげる「過程」にすぎないから。

そういうと、じゃあ受験や就職はどうなんだと言われるかもしれないわね。

もし不合格だったとしても、浪人をしたり、就職をしたり、次の就職先に応募

したりするわけです。そういう意味ではやはり一過程にすぎないわ。

つまり塞翁《さいおう》が馬で、ある瞬間に成功か失敗か全てが決まってしまうわけじゃない。でも、全てを回避してしまうと、過程すら進まない。唯一本当の失敗があるとすれば、それは何もしないことなのよね。

健全な自己愛は、全てを救う。

Tomy's Advice

自分軸、気にしない力、その根本に必要なものは「健全な自己愛」です。自己愛には健全なものとそうでないものがあるわ。その差は、「他人からどう思われるか気にしない」ということです。

たとえば「私は凄い」と主張する。自分は評価されていると確信する。こういったものは健全な自己愛ではありません。誰かが認めてくれるかどうかが自己愛の裏付けになっているから。この前提だと自分が評価されているかどうか確信できなくなれば、とたんに自己愛が保てなくなるわけね。

一方健全な自己愛とは、「自分のあるがままでもよい」と思えることなのよ。自分の凄さを主張する必要もないし、評価されているかどうか気にする必要も、確認する必要もない。

ただ自分がどう思うかを考えて、自分のペースで生きていけばいい。「気にする」の多くは「他人からどう思われるか」なので、それがごっそり解決してしまうというわけです。

もちろん健全な自己愛というのは簡単に得られるものではないわ。でも、それがどういったものなのか把握し、目標としていけば少しずつラクになっていくはずです。
気にしないラクな生き方の最終到達点が、「健全な自己愛を持つ」なのよね。

おわりに 「気にしない力」とは何か

さて、今回「気にしない力」について考えてきました。しかしお気づきになった方もいるかもしれませんが、「気にしない」というのは「自分軸がある」ということと、ほぼ同義なのです。

自分の軸があるからこそ、他のことは気にしない。軸を作ることに目を向けるか、気になることを吹き飛ばすことに目を向けるか。その違いだけです。

しかし「そのためにはどうしたらいいのか」という答えは簡単ではありません。「自分軸」は人それぞれ違いますし、「気になること」には様々な原因やパターンがあります。言い方を変えれば「決定打がない」とも言えます。

頭の中の考えごとを最小限にして、様々な方法を駆使して他の「気になる」を追い出す。「自分のやりたいこと」に意識して大切にする。結局それしかないのよ。

そして、それを毎日繰り返すことによって、だんだんとコントロールできる自分になっていく。地道な作業ですが、結局それが一番なのよね。「気にしない力」も日々の努力によって少しずつ得られていくものなんです。

この本によってその手助けになれば幸いです。

２０２２年９月

精神科医Ｔｏｍｙ

本作品は当文庫のための書き下ろしです。

精神科医Tomy
（せいしんかいとみー）

1978年生まれ。某国立大学医学部卒業後、医師免許取得。精神保健指定医、日本精神神経学会専門医。2019年6月から本格的にツイッターの投稿を開始すると大きな反響を呼び、現在はフォロワー35万人超。

著書に『精神科医Tomyが教える心の荷物の手放し方』、『精神科医Tomyが教える1秒で不安が吹き飛ぶ言葉』（ともにダイヤモンド社）、『精神科医Tomyの言いたいことがラクに伝わる35の方法』（大和出版）ほか多数。

Twitter @PdoctorTomy

だいわ文庫

精神科医《せいしんかい》Tomy《とみー》の気《き》にしない力《ちから》
たいていの心配《しんぱい》は的外《まとはず》れよ

著者 精神科医《せいしんかい》Tomy《とみー》

二〇二二年九月一五日第一刷発行
二〇二四年一月二〇日第一二刷発行

発行者 佐藤 靖
発行所 大和《だいわ》書房
東京都文京区関口一－三三－四 〒一一二－〇〇一四
電話 〇三－三二〇三－四五一一

フォーマットデザイン 鈴木成一デザイン室
本文デザイン 岩永香穂（MOAI）
校正 円水社
本文印刷 厚徳社
カバー印刷 山一印刷
製本 小泉製本

ISBN978-4-479-32028-9
乱丁本・落丁本はお取り替えいたします。
https://www.daiwashobo.co.jp